# BEI GRIN MACHT SICH IHR WISSEN BEZAHLT

- Wir veröffentlichen Ihre Hausarbeit,
  Bachelor- und Masterarbeit

- Ihr eigenes eBook und Buch -
  weltweit in allen wichtigen Shops

- Verdienen Sie an jedem Verkauf

## Jetzt bei www.GRIN.com hochladen und kostenlos publizieren

**Bibliografische Information der Deutschen Nationalbibliothek:**

Die Deutsche Bibliothek verzeichnet diese Publikation in der Deutschen National-bibliografie; detaillierte bibliografische Daten sind im Internet über http://dnb.d-nb.de/ abrufbar.

Dieses Werk sowie alle darin enthaltenen einzelnen Beiträge und Abbildungen sind urheberrechtlich geschützt. Jede Verwertung, die nicht ausdrücklich vom Urheberrechtsschutz zugelassen ist, bedarf der vorherigen Zustimmung des Verlages. Das gilt insbesondere für Vervielfältigungen, Bearbeitungen, Übersetzungen, Mikroverfilmungen, Auswertungen durch Datenbanken und für die Einspeicherung und Verarbeitung in elektronische Systeme. Alle Rechte, auch die des auszugsweisen Nachdrucks, der fotomechanischen Wiedergabe (einschließlich Mikrokopie) sowie der Auswertung durch Datenbanken oder ähnliche Einrichtungen, vorbehalten.

**Impressum:**

Copyright © 2014 GRIN Verlag, Open Publishing GmbH
Druck und Bindung: Books on Demand GmbH, Norderstedt Germany
ISBN: 9783656865476

**Dieses Buch bei GRIN:**

http://www.grin.com/de/e-book/285580/ausstellen-einer-quittung-unterweisung-einzelhandelskaufmann-frau

Manfred Peukert

# Ausstellen einer Quittung (Unterweisung Einzelhandelskaufmann/-frau)

GRIN Verlag

**GRIN - Your knowledge has value**

Der GRIN Verlag publiziert seit 1998 wissenschaftliche Arbeiten von Studenten, Hochschullehrern und anderen Akademikern als eBook und gedrucktes Buch. Die Verlagswebsite www.grin.com ist die ideale Plattform zur Veröffentlichung von Hausarbeiten, Abschlussarbeiten, wissenschaftlichen Aufsätzen, Dissertationen und Fachbüchern.

**Besuchen Sie uns im Internet:**

http://www.grin.com/

http://www.facebook.com/grincom

http://www.twitter.com/grin_com

# Lehrunterweisung am Arbeitsplatz zum Thema

## Ausstellen einer Quittung

durch die 4-Stufen–Methode

Im Rahmen der Ausbildereignungsprüfung

für den Ausbildungsberuf

## Einzelhandelskaufmann/-frau

Prüfungstag
26.11.2014

Name des Ausbilders
Manfred Peukert

1

# Inhaltsverzeichnis

# 1. Ausgangssituation

## 1.1 Unterweisungsthema

Ausstellen einer Quittung
(Ausbildungsrahmenplan § 3 Abs. 1 Nr. 5.1 d, Fertigkeiten, Kenntnisse und Fähigkeiten im Bereich kassieren, Thematik Kaufbelege erstellen)

## 1.2 Zeitpunkt und Ort der Unterweisung

Die Unterweisung findet am Dienstag um 9:30 Uhr statt. Um diese Zeit ist die Leistungsbereitschaft und Auffassungsgabe am höchsten.
Sie findet an einem üblichen Schreibtisch im Marktleiterbüro statt. Der Schreibtisch ist aufgeräumt und befindet sich in einem übersichtlichen und sauberen Zustand.

## 1.3 Arbeitsmittel

- 1 Quittungsblock
- 1 Heftgerät
- 1 Stempel
- 1 Kugelschreiber
- mehrere Kassenbelege

## 1.4 Charakterisierung des Auszubildenden

Der Auszubildende, Frank F., hat den Realschulabschluss mit einem guten Ergebnis abgeschlossen und zeigt sich in der Ausbildung ehrgeizig, gewissenhaft und engagiert. Er gibt sich kommunikativ und hilfsbereit. Außerdem zeichnet er sich durch hohe Teamfähigkeit und schnelle Auffassungsgabe aus. Durch Fragen zeigt er sein Interesse am Beruf des Einzelhandelskaufmannes. Ihm übertragene Aufgaben führt er ordentlich und gewissenhaft aus. Seine bisherigen Leistungen in der Berufsschule sind sehr gut.

## 1.5 Ausbildungsstand

Der Auszubildende, Frank F. ist 17 Jahre alt und hat nach erfolgreich abgeschlossenem Realschulabschluss seine Ausbildung am 01. August 2014 in unserem Unternehmen begonnen.
Er befindet sich im ersten Ausbildungsjahr.

## 1.6 Vorkenntnisse

Der Auszubildende, Frank F., hat erste grundlegende Kenntnisse im Betrieb erworben. Er beherrscht bereits die Abläufe beim Kassiervorgang, ist mit den Vorschriften des Unternehmens und im Umgang mit Bargeld bestens vertraut.

## 2. Ziel der Unterweisung

### 2.1 Lernzieltaxonomie

Am Ende seiner Ausbildung soll Herr F. über alle erforderlichen Kenntnisse und Fähigkeiten verfügen, die zur sicheren und selbstständigen Ausübung des Berufes Einzelhandelskaufmann in Betracht kommen.

#### 2.1.1 Richtlernziel

Das Richtlernziel beinhaltet die Vermittlung von Fertigkeiten und Kenntnissen im Bereich Kassieren, Kaufbelege erstellen (§ 3 Abs. 1 Nr. 5.1 d).

#### 2.1.2 Groblernziel

Im Groblernziel werden die erforderlichen Kenntnisse vermittelt um Kaufbelege exakt erstellen zu können (§ 3 Abs. 1 Nr. 5.1 d).

#### 2.1.3 Feinlernziel

Nach der Unterweisung soll der Auszubildende die Kenntnisse, Fähigkeit und Einsicht haben eine Quittung anhand eines Kassenbeleges selbstständig und fehlerfrei ausstellen zu können.

### 2.2 Lernbereiche

#### 2.2.1 Kognitiver Lernbereich

Durch Erläuterung und Vorführung des jeweiligen Arbeitsschrittes seitens des Ausbilders und durch die darauf folgende Ausführung des Auszubildenden, soll das erlernte Wissen dauerhaft eingeprägt werden und jederzeit wieder abrufbar sein. Er kann die Bestandteile einer Quittung nennen. Außerdem soll die Lernbereitschaft des Auszubildenden gefördert werden.

#### 2.2.2 Affektiver Lernbereich

Die Bereitschaft zum selbständigen, sorgfältigen und gewissenhaften Verrichten der Aufgabe soll entwickelt werden. Im Hinblick auf eine eigenverantwortliche Übernahme dieser Tätigkeit, soll der Auszubildende durch diese Unterweisung motiviert werden. Er erhält ein Erfolgserlebnis und sein Verantwortungsbewusstsein wird gesteigert.

#### 2.2.3 Psychomotorischer Lernbereich

Der sorgfältige Umgang mit Büromaterialien sowie die Fingerfertigkeiten sollen durch Nachmachen und Üben erlernt werden.

## 2.3 Motivation

Um Herrn F. zu motivieren, wird ihm in Aussicht gestellt, dass er zukünftig für die selbstständige Ausstellung einer Quittung zuständig sein soll. Damit bekommt er einen selbstständigen Verantwortungsbereich.

## 3. Ablauf der Unterweisung nach der 4-Stufen-Methode

## 3.1 Vorbereiten

| Was mache ich? | Wie mache ich es? | Warum mache ich es? |
|---|---|---|
| Schreibtisch vorbereiten und Arbeitsmaterial bereitstellen. | Alle Arbeitsmaterialien, 1 Quittungsblock 1 Heftgerät 1 Stempel 1 Kugelschreiber mehrere Kassenbelege, werden übersichtlich auf dem Schreibtisch bereitgestellt. | Ordnung, bessere Übersicht |
| Begrüßung des Auszubildenden Herrn F.. | Ich erkundige mich nach seinem Befinden und unterhalte mich mit ihm über ein losgelöstes Thema um eine angenehme Atmosphäre zu schaffen. | Spannungen, Hemmungen und Nervosität sollen abgebaut werden. |
| Benennung des Unterweisungsthemas. | Das Ausstellen einer Quittung fehlerfrei beherrschen. | Der Auszubildende erhält ein klares Ziel. |
| Arbeitsmaterialien vorstellen | Arbeitsmaterialien erklären. | Aufmerksamkeit und Interesse wecken. |

## 3.2 Erklären und Vormachen durch den Ausbilder

| Was mache ich? | Wie mache ich es? | Warum mache ich es? |
|---|---|---|
| Überblick geben. | Die einzelnen Teilschritte aufzählen. | Um das Verstehen des Vorgangs zu erleichtern. |
| Quittung ausfüllen und den Auszubildenden zum aufmerksamen Zuschauen anhalten. | Zuerst wird das Durchschreibepapier, mit der marmorierten Seite nach oben, zwischen den Quittungsvordruck und die nächste freie Seite gelegt. Dann werden die einzelnen Felder auf dem Quittungsvordruck ausgefüllt und dabei erklärt.<br><br>1. Der Nettobetrag wird vom Kassenbeleg übernommen und in Euro und Cent eingetragen.<br><br>2. Der Mehrwertsteuersatz wird vom Kassenbeleg übernommen und eingetragen.<br><br>3. Der Mehrwertsteuerbetrag wird vom Kassenbeleg übernommen und in Euro und Cent eingetragen.<br><br>4. Der Gesamtbetrag (Brutto) wird vom Kassenbeleg übernommen und in Euro und Cent eingetragen.<br><br>5. Der Gesamtbetrag wird in Euro, in Worten (ohne Cent) eingetragen.<br><br>6. In der Zeile „von" wird der Name und die Anschrift des Zahlenden eingetragen.<br><br>7. In der Zeile „für" wird unsere erbrachte Leistung oder verkaufte Ware eingetragen.<br><br>8. In die Zeile „dankend erhalten" wird unsere Geschäftsadresse eingetragen. | Der Auszubildende lernt den Vorgang kennen.<br><br>Er lernt die Benennung der einzelnen Felder und das Ausfüllen in der Richtigen Reihenfolge.<br><br>Der Auszubildende lernt die Fertigkeiten zum fachgemäßen Ausfüllen einer Quittung.<br><br>Der Auszubildende lernt den sorgfältigen Umgang mit Büromaterialien. |

| | | |
|---|---|---|
| | 9. In die Zeile „Ort, Datum" wird der Ort und das heutige Datum eingetragen. | |
| | 10. Das Feld „Buchungsvermerke" bleibt frei. | |
| | 11. Das Feld "Firmenstempel – Unterschrift des Empfängers" wird mit dem Firmenstempel abgestempelt. Die Unterschrift leistet ausschließlich die Marktleitung oder deren Vertretung. | |
| Verfahren mit der fertig ausgefüllten Quittung. | Der fertig ausgefüllte, abgestempelte und unterschriebene Quittungsvordruck wird aus dem Block getrennt und dem Kunden übergeben. Als Service wird noch das Anheften des Kassenbeleges an die Quittung angeboten. Sollte der Kunde den Wunsch haben, wird der Kassenbeleg mittels eines Heftgerätes an der linken oberen Seite angeheftet. | Der Auszubildende wird zu Serviceleistungen und Kundenwünschen sensibilisiert. |
| Zusammenfassung | Alle Schritte werden noch einmal aufgezählt | Durch den Wiederholungseffekt wird das Erlernte gefestigt |

## 3.3 Nachmachen und erklären lassen

| Was mache ich? | Wie mache ich es? | Warum mache ich es? |
|---|---|---|
| Ich beaufsichtige, gebe Hilfestellung zur Selbsthilfe und greife nur bei groben Fehlern ein. | Ich lasse den Auszubildenden die vorgeführten Schritte genau nachmachen und erklären. | Der Auszubildende soll durch das Nachmachen Sicherheit erlangen und die Theorie mit der Praxis verbinden. |
| Auswertung | Selbstbewertung zuerst des Auszubildenden, danach erfolgt die Bewertung durch den Ausbilder. | Lernen durch das Erkennen von Fehlern und durch Selbstkontrolle. Motivation durch Lob. |
| Zusammenfassung | Der Auszubildende soll anhand einer nicht ausgefüllten Quittung die leeren Felder nochmals mündlich erklären. | Durch den Wiederholungseffekt wird das Erlernte gefestigt |

## 3.4 Üben und festigen

| Was mache ich? | Wie mache ich es? | Warum mache ich es? |
|---|---|---|
| Der Auszubildende arbeitet selbstständig ohne Hilfe. | Der Auszubildende wird aufgefordert selbständig eine Quittung auszufüllen. | Die Fähigkeiten und Kenntnisse des Auszubildenden sollen gefestigt werden. |
| Kontrolle und Bewertung der Arbeit. | Eventuelle Mängel ansprechen, aber auch Lob aussprechen. | Die Kontrolle und Bewertung der Arbeit ist wichtig. Hierbei wird erkannt, ob das Ausbildungsziel erreicht wurde. Der Auszubildende kann etwaige Schwierigkeiten durch nachhaltiges Üben abbauen. |

Der Auszubildende wird angewiesen weitere Übungsquittungen zum Üben und festigen des Erlernten auszustellen und diese dem Ausbilder zur Überprüfung vorzulegen.
Bei Beanstandungen wird der oder werden die Fehler analysiert.

## 4. Lernerfolgskontrolle

Das Ergebnis wird zusammen mit dem Auszubildenden überprüft. Ein Lob und Anerkennung sollte gegenüber dem Auszubildenden erfolgen. Der Ausbilder erklärt dem Auszubildenden, dass sich das Erlernte durch Üben festigen lässt.

## 5. Hinweis auf Eintragung ins Berichtsheft

Der Auszubildende wird darauf hingewiesen, dass die Unterweisung im Berichtsheft eingetragen werden muss. Es dient zur Ermittlung des Ausbildungsstandes des Auszubildenden und ist ein Hilfsmittel für den Ausbilder aber auch für den Auszubildenden zur gegenseitigen Kontrolle. Durch die Eintragungen kann überprüft werden ob die Fertigkeiten, Fähigkeiten und Kenntnisse nach den Vorgaben des Ausbildungsrahmenplanes vermittelt werden.

## 6. Ausblick auf die kommende Unterweisung

Der Auszubildende wird über den Termin und das Thema der nächsten Unterweisung informiert. Es lautet:
Umtausch und Reklamation kassentechnisch abwickeln (§ 3 Abs. 1, Nr. 5.1 e).

## 7. Verabschiedung

Letztlich bedankt sich der Ausbilder beim Auszubildenden für die Aufmerksamkeit und die gute Mitarbeit. Die Unterweisung wird beendet und der Auszubildende freundlich verabschiedet.

# BEI GRIN MACHT SICH IHR WISSEN BEZAHLT

- Wir veröffentlichen Ihre Hausarbeit,
  Bachelor- und Masterarbeit

- Ihr eigenes eBook und Buch -
  weltweit in allen wichtigen Shops

- Verdienen Sie an jedem Verkauf

**Jetzt bei www.GRIN.com hochladen
und kostenlos publizieren**